Liebe Eltern,

die spannenden Geschichten in diesem Buch erleichtern Ihrem Kind den Start in die Welt der Buchstaben. Die große, gut lesbare Schulbuchschrift sowie die farbige Markierung der Silben unterstützen es dabei.

Durch die Einfärbung der Sprechsilben erfassen Leseanfänger die Wörter und ihre Bedeutung leichter. Denn schon Vorschulkinder teilen ein Wort beim Sprechen intuitiv in Silben ein. Die farbige Silbenmarkierung hilft Kindern, die richtige Einteilung auch bei geschriebenen Wörtern zu erkennen und ihren Sinn zu verstehen. So lernen sie schneller, flüssig zu lesen.

Viele bunte Bilder sorgen für Abwechslung und motivieren zu kleinen Pausen. Die klare Text-Bild-Zuordnung unterstützt das Textverständnis. So kommen auch weniger geübte Leser zu Erfolgserlebnissen und entwickeln Freude am Lesen.

Die schönsten Silbengeschichten für Mädchen
zum ersten Selberlesen

www.leseloewen.de

ISBN 978-3-7432-1007-3
1. Auflage 2021
© 2021 Loewe Verlag GmbH, Bindlach
Inhalte aus Einzelausgaben der Reihe *Lesetiger*
© 2004–2017 Loewe Verlag GmbH, Bindlach
Umschlagillustration: Heike Wiechmann
Umschlaggestaltung: Elke Kohlmann
Printed in the EU

www.loewe-verlag.de

Inhalt

Christina Koenig · Julia Ginsbach

Kein Kuss für Dornröschen 8

THiLO · Christian Zimmer

Der schönste Tag 19

Sabine Kalwitzki · Katharina Wieker

Lesepatentante 28

Anna Taube · Elke Broska

Kein echter Drache? 38

Christina Koenig · Julia Ginsbach

Eltern tauschen? 47

THiLO · Christian Zimmer

Marlenes Trick 56

Sabine Kalwitzki · Katharina Wieker

So ein Theater 66

Anna Taube · Elke Broska

Das Drachenbaby 77

Quellenverzeichnis 88

Kein Kuss für Dornröschen

Leona ist total aufgeregt.
Heute darf sie
das Dornröschen tanzen!

Dornröschen aus dem Märchen,
das von einem Prinzen
wachgeküsst wird, nachdem es
hundert Jahre geschlafen hat.

Pünktlich um vier treffen die Mädchen
im geschmückten Festsaal ein.
Zuerst werden die Kostüme verteilt.

Die Mädchen verwandeln sich
in zauberhafte Feen, eine Königin,
einen König und einen dicken Koch.

Leona wird zu Dornröschen
und Mara zu einem edlen Prinzen.

Als Mara Leona das Krönchen
aufsteckt, bricht ein goldener
Zacken ab.
„Das hast du extra gemacht!",
faucht Leona mit blitzenden Augen.

„Du spinnst wohl!", giftet Mara zurück.
Leona dreht sich um
und stapft wütend zur Bühne.

Das Stück klappt zunächst prima:
Dornröschen sticht sich
an der Spindel, fällt vom Hocker
und dann in einen tiefen Schlaf.

Der Prinz mit seinem Schwert tritt auf.
Mutig kämpft er sich
durch die Dornenhecke.

Aber was ist denn nun los?
Wie angenagelt bleibt der Prinz vor
dem schlafenden Dornröschen stehen.

Dabei müsste er es
doch jetzt küssen!
Aber nichts passiert.
Keine Freude, kein Kuss.
Einfach nichts!

Das Publikum wird unruhig.

„Ob das 'ne moderne Fassung ist?",
flüstert eine Dame ihrem Nachbarn zu.

„Wo bleibt der Kuss?",
ruft jemand anders.
„Küssen! Küssen!",
fordert schließlich der ganze Saal.

Mara ist immer noch
total sauer auf Leona.
„Von mir kriegt die keinen Kuss",
murmelt sie.

Da macht Dornröschen ein Auge auf
und riskiert einen Blinzelblick.

„Tut mir leid wegen vorhin",
wispert Dornröschen kleinlaut.
Da muss der Prinz lachen.

Der Streit ist plötzlich vergessen
und endlich erfolgt
der erlösende Schmatz.

Das Publikum ist begeistert.
„Zugabe!", ruft es von allen Seiten.

Da küsst der Prinz Dornröschen
einfach noch einmal.

Und wenn sie nicht gestorben sind,
dann tanzen sie noch heute.

Der schönste Tag

Hanna bummelt mit ihren Eltern
über die Kirmes.
Ist das ein Gedränge!

Überall stehen Leute
und essen Würstchen
oder Zuckerwatte.

Doch Hanna hat keinen Hunger.
Sie möchte lieber Karussell fahren.

Als das Polizeiauto
direkt vor ihrer Nase hält,
lässt sie Papas Hand einfach los.

Von ihrem Taschengeld
kauft sie schnell eine Fahrkarte.
Dann steigt sie ein.

Nach jeder Runde
lässt sie die Sirene heulen.
Das macht Spaß!

Doch als sie wieder aussteigt,
bekommt sie einen Riesenschreck.

Wo sind Mama und Papa?
Hanna kann sie nirgendwo sehen.

Schnell läuft Hanna
zu zwei Polizistinnen
und zupft eine von ihnen am Ärmel.

„Ich habe
meine Eltern verloren!",
sagt Hanna mutig.

Die Polizistin ist sehr nett.
„Die finden wir schon wieder",
sagt sie freundlich.

Zusammen gehen sie
zu einem echten Polizeiauto
und steigen ein.

Die Polizistin macht
das Blaulicht an
und fährt langsam los.

„Hanna hat ihre Eltern verloren",
spricht sie in ihr Funkgerät.
Alle Leute drehen sich um.

Nach einer kurzen Fahrt
entdeckt Hanna
Papas schwarzen Hut
vor einer Losbude.

Ihr fällt
ein Stein vom Herzen.

Glücklich nimmt Hanna
ihre Mama in den Arm.

„Das war mein schönster Kirmestag!",
schwärmt Hanna.
„Aber trotzdem passe ich
jetzt besser auf euch auf!"

Lesepatentante

Milena ist eine Leseratte.
Wo sie geht und steht,
hat sie ein Buch vor der Nase
und liest.

Märchen findet Milena wunderbar.
Dornröschen ist ihr Lieblingsmärchen.

Heute ist ein besonderer Tag
für Milena.
Sie wird die Lesepatentante
vom kleinen Toni aus der 1a.

Jede Woche wird Milena nun
mit ihrem Patenkind lesen.
Milena freut sich.

Viele aufgeregte neue Onkel
und Tanten
stehen vor den Erstklässlern.

Die Lehrerin stellt die Kinder vor.
„Lieber Paul, das ist dein Onkel Jan!
Liebe Jule, das ist deine Tante Susi."

Milena ist so aufgeregt.
Wer von all diesen Kindern ist Toni?
Etwa der mit dem roten Schopf?

Nein, Toni ist der Junge
mit den lustigen Sommersprossen.
Milena begrüßt ihn freundlich.

Die beiden suchen sich
einen gemütlichen Leseplatz
direkt in der Kuschelecke.

Toni liest aus der Fibel vor.
Sein Finger wandert von Wort zu Wort.

Lesen ist noch schwer für Toni.
„Du machst das gut!", lobt Milena.

Dann kommt ein schwieriges Wort.
Toni kann es nicht lesen.

„Du bist doof!", sagt er zu Milena.
Bockig verschränkt Toni die Arme.

„Gibt es Probleme?", fragt Frau Bär.
Milena hat Tränen in den Augen.
„Toni mag mich nicht!", sagt sie.

Frau Bär streichelt Milenas Rücken.
„Ich habe dir zugesehen!", sagt sie.
„Du bist eine gute Patentante.
Lesen ist einfach noch schwer
für Toni."

Dann liest Milena Toni
ein Märchen vor.
Es erzählt von einer Prinzessin
und einer riesigen Dornenhecke.

Milena kann wunderbar lesen.
Mit großen Augen hört Toni ihr zu.

An der spannendsten Stelle
kuschelt er sich ganz fest an Milena.

Die Lesestunde ist zu Ende.
„Das war so schön!", sagt Toni.
„Ich mag dich gern, Milena!"

Kein echter Drache?

„Wer ist denn dieser Neue?",
fragt Willi Wassermann.
„Das ist ein Drache",
sagt Karl Karpfen.

„Der? Ein Drache?",
kreischt Nixe Nelli.
„Das glaubt der selber nicht!"

„Frag ihn doch", sagt Karl.
„Da kommt er!"
Die Seebewohner schauen
den Neuen neugierig an.

„Hallo!", sagt der Neue.
„Ich bin Wotan Wasserdrache."
Willi gluckst. Nelli kichert.

Dann lachen alle laut.
„Wie willst du denn
unter Wasser Feuer speien?",
fragt Willi Wassermann.

„Und wie willst du fliegen?
Mit den Flossen vielleicht?",
ruft Nixe Nelli.

„Und wenn er brüllt,
kommen Blubberblasen",
sagt Karl Karpfen.
„Echt ein toller Drache!"

Wotan senkt traurig den Kopf.
Das Lachen ist gemein.
Da hört er etwas.

Wotan spitzt die Ohren.
Da kommt ein Hecht!
Und zwar ein riesengroßer!

Blitzschnell schwimmt er
auf die Seebewohner zu.
„Zu Hilfe!", kreischt Nelli.
„Hektor Hecht greift uns an!"

Aber Wotan ist schon bereit.
Er wehrt den Riesen-Hecht
mit seinem kräftigen Schwanz ab.

Der fiese Hecht wird wütend.
Er will Wotan beißen.
Wotan umschlingt ihn mit
seinem langen Körper.

„Gnade!", röchelt der Hecht.
„Dann lass dich hier
nie wieder blicken, kapiert?",
sagt Wotan ruhig.

Hektor Hecht zischt ab.
Die Seebewohner atmen auf.
Sie schämen sich.

„Du kämpfst wie ein Drache",
sagt Karl Karpfen.
„Du bist mutig wie ein Drache."

„Und hübsch wie ein Drache!",
sagt Nixe Nelli und lacht.
Aber diesmal ganz freundlich.
„Du bist ein echter Drache!"

„Wir sind sehr froh,
dass du bei uns wohnst",
sagt Willi Wassermann.
„Willkommen in unserem See."

Wotan ist glücklich.
Er hat ein neues Zuhause
und neue Freunde!

Eltern tauschen?

Anne und Katharina treffen sich
wie jeden Dienstag
vor dem Eingang der Turnhalle.

Katharina muss zum Judo
und Anne zum Ballettunterricht.

„Ich würde viel lieber Ballett machen",
gesteht Katharina sehnsuchtsvoll.
„Aber meine Eltern wollen das nicht."

„Und ich habe viel mehr Lust
auf Judo",
antwortet Anne geknickt.
„Aber das wollen *meine* Eltern nicht."

Katharina begleitet Anne
in die Umkleidekabine.

Hübsche Trikots haben
die Mädchen an, und Schläppchen
mit glänzenden Bändern.
Katharina findet ihren Judoanzug
richtig langweilig dagegen.

„Wir könnten doch unsere Eltern tauschen", überlegt Katharina laut. „Dann kannst du zum Judo gehen – und ich zum Ballett."

„Ich glaube, Eltern tauschen geht nicht", seufzt Anne.

Und nach einer kleinen Pause sagt sie:
„Aber Unterricht tauschen, das geht!"

Gesagt, getan.
Von nun an geht Katharina zum Ballett
und Anne trainiert in der Judoschule.

Beide finden es richtig super.
Anne macht sogar heimlich
die Prüfung für den gelben Gürtel.

Doch dann entdeckt Katharinas Mutter
das Tutu in Katharinas Zimmer.

Und die Einladung
zur großen Ballettaufführung.

Jetzt muss Katharina gestehen,
dass sie mit Anne
den Unterricht getauscht hat.
Prompt folgt ein saftiges
Donnerwetter!

Aber Katharinas ersten Auftritt
lassen sich ihre Eltern
natürlich nicht entgehen.

Auch Anne und ihre Eltern
sind gekommen.
Der Bühnenvorhang geht auf
und elf kleine Elfen tanzen herbei.

Die Zuschauer klatschen begeistert,
als die Elfen die gute Fee befreit haben.
Auch Katharinas Eltern sind stolz
auf ihre kleine Ballerina.

Klar darf Katharina weiter tanzen
und Anne übt für ihren nächsten Gurt.

Marlenes Trick

Eigentlich sollte Marlene
schon lange schlafen.
Aber ihr Buch ist
einfach zu spannend!

Wachtmeister Ehrlich muss darin
die Rubinbande fangen.

Als Marlene endlich
ihre Nachttischlampe ausmacht,
ist es draußen
schon richtig dunkel.

Nur bei ihrer Nachbarin
brennt noch Licht.

„Komisch!", denkt Marlene.
„Frau Schulz ist doch im Urlaub!"

Durch die Terrassentür
schleicht sie in den Garten.
Dann klettert sie über den Zaun.

Im Wohnzimmer von Frau Schulz
sieht sie ganz deutlich
einen Mann stehen.

Mit einer Taschenlampe
durchsucht er den Schrank.

Als er eine goldene Uhr findet,
steckt er sie in seine Tasche.

Marlenes Herz klopft wild.
Das muss
ein echter Einbrecher sein!

Als sie vor der Garage
ein Motorrad sieht,
kommt ihr eine Idee.

Schnell läuft sie ins Haus zurück
und holt eine Tüte Zucker.

Sie füllt den Zucker
dem Einbrecher in den Tank.
Das ist ein alter Trick
von Wachtmeister Ehrlich.

Dann ruft Marlene
schnell die Polizei.

Als der Einbrecher die Sirenen hört,
springt er auf sein Motorrad.

Doch das Motorrad springt nicht an.
Der Zucker verklebt das Benzin.

Noch bevor der Mann
zu Fuß flüchten kann,
haben ihn die Polizisten umstellt.

Sie können den Einbrecher
ganz leicht festnehmen.

Was sich Marlene
von der Belohnung kaufen wird?

Ganz klar:
die neuesten Bücher
von Wachtmeister Ehrlich!

So ein Theater

„Am Schulfest führen wir
ein Theaterstück auf!", sagt Herr Bach.

Die Kinder freuen sich.
Theaterspielen ist toll!

Zuerst machen die Kinder
richtige Schauspielübungen.
Sie strecken sich und gähnen.

Sie schleichen wie eine Katze.
Sie brüllen wie ein Löwe.

Bald schon üben die Kinder
mit richtigen Kostümen.

Jana ist eine schicke Gräfin
mit einer teuren Glitzerkette.

Ein Dieb klaut die Kette
und versteckt sie im Kronleuchter.
Tom ist der Detektiv.
Er soll die Kette wiederfinden.

Valentin ist sauer, dass er
nicht der Detektiv sein darf.
Er spielt nur den Diener
und Tom lacht ihn aus.

Endlich ist es so weit!
Das Schulfest beginnt.
Die Theaterkinder stehen bereit.

Der Vorhang öffnet sich.
„Hilfe, Hilfe!", ruft die Gräfin.
„Meine Kette ist verschwunden!"

Da kommt Tom, der Detektiv.
Er hat eine dunkle Sonnenbrille auf
und trägt einen eleganten Anzug.

Tom sucht und sucht.
Aber er findet die Kette nicht.
Sie hängt nicht wie abgesprochen
im Kronleuchter.

Tom ist verzweifelt.
Die Zuschauer halten den Atem an.

Niemand sieht die Glitzerkette
unter dem Rock.
Zu dumm! Sie muss vom Kronleuchter
wieder heruntergefallen sein.

Valentin bemerkt plötzlich ein Glitzern
unter dem Saum des Rockes.
Valentin ist schlau. Er hat eine Idee!

Unbemerkt schnappt sich Valentin
die Kette.
Er legt sie auf sein Silbertablett
und läuft zu Tom.

„Ein Glas Sekt, der Herr Detektiv?",
fragt Diener Valentin höflich.
Tom starrt überrascht auf das Tablett.

Doch dann nimmt er die Kette,
schmuggelt sie unauffällig
in den Kronleuchter
und fischt sie sofort wieder heraus.

Mit einer Verbeugung überreicht Tom
der Gräfin die Kette.

Die Zuschauer klatschen begeistert.
„Bravo! Bravo!", rufen sie
immer wieder.

Die Kinder verbeugen sich.
Sie freuen sich
über den großen Applaus!

„Danke, dass du mich gerettet hast!",
sagt Tom erleichtert.
„Schon gut, du Superdetektiv!",
grinst Valentin.

Das Drachenbaby

Drago reißt die Augen auf.
Das Ei im Nest piepst leise!

Jetzt wackelt das Ei!
Krack – bekommt es
einen Sprung!

Die Schale zerbricht
und ein winziger Kopf
lugt hervor!

Juhu!
Dragos kleine Schwester
Dragonella ist da!

„Alle mal herschauen!",
ruft Drago den Tieren
im Drachenwald zu.

„Das ist meine
kleine Schwester Dragonella!"
„Nella!", jauchzt das Drachenbaby.

„Wir freuen uns, dass du
bei uns bist", sagt Herr Wolf,
der Bürgermeister, wichtig.
„Denn Drachen
sind unsere Beschützer."

„Jetzt zeige ich dir alles,
was ein Drache können muss!",
sagt Drago zu Nella.

Sie verstecken sich leise.
Da kommt Elli Elefant.
Drago springt auf – und brüllt!
„Nicht schlecht", sagt Elli.

„Jetzt du!", sagt Drago.
Nella wartet auf Elli.
Da kommt sie!
Nella springt auf – und BRÜLLT!

Elli kippt um und ruft:
„Potz Drachenblitz, Nella!
Das war schrecklich gut!"

„Und jetzt: Feuerspeien!",
ruft Drago.
„Grillen!", jubelt Herr Fuchs.

„Dreimal p-p-p, einatmen …
puuah!" Drago speit Feuer,
dass sogar das Gras ankokelt.
„Danke!", sagt Herr Fuchs.

Nella schaut ihren Bruder
mit großen Augen an.
Ob sie das auch so gut kann?
„Nur Mut", sagt Leo Löwe.

Sie macht p-p-p, holt Luft …
„PUUAAAH!", speit sie Feuer.
„Perfekt", lobt Leo Löwe.

„Und jetzt", sagt Drago
und flattert mit den Flügeln,
„fliegen wir!"

Er rennt auf eine Klippe zu,
spreizt die Flügel, springt …
und fliegt!

Nella schluckt.
Die Klippe ist hoch.
Sie rennt auf die Klippe zu,
springt … und fällt!

„Flattern!", ruft Benni Spatz.
Nella flattert mit den Flügeln –
und fliegt! Ist das schön!

Drago umarmt Nella.
„Jetzt bist du ein echter
Beschützer-Drache!"

Die Waldtiere
jubeln Nella zu.
Und Nella ist glücklich.
Sie will gern alle beschützen!

Quellenverzeichnis

S. 8–18
Christina Koenig, *Kein Kuss für Dornröschen*,
aus: dies., Lesetiger-Ballettgeschichten,
farbig illustriert von Julia Ginsbach.
© 2004 Loewe Verlag GmbH, Bindlach

S. 19–27
THiLO, *Der schönste Tag*,
aus: ders., Lesetiger-Polizeigeschichten,
farbig illustriert von Christian Zimmer.
© 2007 Loewe Verlag GmbH, Bindlach

S. 28–37
Sabine Kalwitzki, *Lesepatentante*,
aus: dies., Lesetiger-Schulklassengeschichten,
farbig illustriert von Katharina Wieker.
© 2006 Loewe Verlag GmbH, Bindlach

S. 38–46
Anna Taube, *Kein echter Drache?*,
aus: dies., Lesetiger-Drachengeschichten,
farbig illustriert von Elke Broska.
© 2017 Loewe Verlag GmbH, Bindlach

S. 47–55
Christina Koenig, *Eltern tauschen?*,
aus: dies., Lesetiger-Ballettgeschichten,
farbig illustriert von Julia Ginsbach.
© 2004 Loewe Verlag GmbH, Bindlach

S. 56–65
THiLO, Marlenes Trick,
aus: ders., Lesetiger-Polizeigeschichten,
farbig illustriert von Christian Zimmer.
© 2007 Loewe Verlag GmbH, Bindlach

S. 66–76
Sabine Kalwitzki, *So ein Theater*,
aus: dies., Lesetiger-Schulklassengeschichten,
farbig illustriert von Katharina Wieker.
© 2006 Loewe Verlag GmbH, Bindlach

S. 77–87
Anna Taube, *Das Drachenbaby*,
aus: dies., Lesetiger-Drachengeschichten,
farbig illustriert von Elke Broska.
© 2017 Loewe Verlag GmbH, Bindlach

Mit Silben lesen lernen!

ISBN 978-3-7432-1006-6

Durch kurze, einfache Sätze in großer Fibelschrift
können Kinder ab 6 Jahren (1. Klasse) leicht lesen lernen.
Die Silbenmethode unterstützt sie dabei: Die farbige Markierung
der einzelnen Silben sorgt für bessere Erkennbarkeit und damit
für einen schnelleren Leseerfolg. Die vielen bunten Bilder
in diesem Kinderbuch tragen zusätzlich
zum Textverständnis bei.

Das will ich lesen!

ISBN 978-3-7432-1004-2   ISBN 978-3-7432-1005-9

ISBN 978-3-7432-0650-2   ISBN 978-3-7432-0652-6

Das will ich lesen!

ISBN 978-3-7432-0723-3

Das große Leselöwen Grundschulwörterbuch unterstützt Kinder der 1. und 2. Klasse bei der deutschen Rechtschreibung und weckt mit vielen bunten Illustrationen ganz nebenbei die Lust auf die Welt der Buchstaben.

Es enthält über 1.500 Wörter aus dem schulischen Grundwortschatz in alphabetischer Reihenfolge, angelehnt an die aktuellen Lehrpläne.

Hier bellt die Polizei!

ISBN 978-3-7432-0608-3

Band 2 erscheint Frühjahr 2021

In der Reihe „Kommissar Pfote" von der bekannten Autorin *Katja Reider* dreht sich alles um den cleveren Polizeihund Pepper.

Frei Schnauze erzählt er von seinen aufregenden Einsätzen bei der Polizei. Dabei kann er sich immer auf seine Spürnase verlassen und löst mit seinem Partner, Polizist Paul, jeden Fall!

Dazu gibt es tolle Quizfragen auf *antolin.de*.

Ein tollpatschiger Drache!

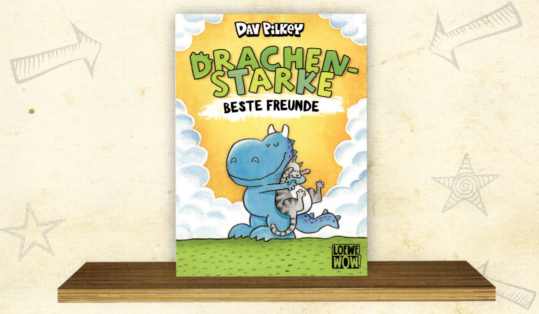

ISBN 978-3-7432-0841-4

Die witzigen Drachen-Geschichten vom Erfolgsautor *Dav Pilkey* bringen alle Mädchen und Jungs ab 6 Jahren zum Lachen. Der Autor der Kinderbücher „Dog Man" und „Captain Underpants" schafft es, mit viel Humor die Freude am Lesen zu wecken.

Viele bunte Bilder und wenig Text sind perfekt fürs Lesenlernen.

So macht Kindern in der 1. Klasse das Lesen Spaß!